T 7 48.

2579

DU REMBOURSEMENT

DE

LA DETTE PUBLIQUE,

DE L'AGRICULTURE,

DU COMMERCE ET DES ARTS.

À PARIS,

RUE SAINT-BENOIT, N° 22;

ET CHEZ PONTHIEU, LIBRAIRE, AU PALAIS-ROYAL.

1824.

DU REMBOURSEMENT

DE LA

DETTE PUBLIQUE,

DE L'AGRICULTURE,

DU COMMERCE ET DES ARTS.

———

C'EST au moment où toute la France est occupée de la grande question du remboursement de la dette publique et de la conversion des intérêts cinq pour cent, à trois pour 75 fr. ou quatre pour cent, qu'il convient de développer les améliorations qui pourront en résulter pour le commerce, l'agriculture et les arts.

Je n'entreprendrai pas de traiter cette question sous le rapport de la politique ; des personnes plus versées que moi dans cette science l'ont déjà fait. Je laisse d'ailleurs à la sagesse de nos députés à en développer les avantages comme les inconvéniens.

M. le ministre des finances, dans son dis-
cours pour la présentation du projet de loi,
semble avoir prévu dans sa sagesse toutes les
objections qu'on pourrait lui opposer, et il y
a répondu d'avance. Quelle gloire pour lui
d'avoir conçu un si vaste dessein, et quelles
obligations ne lui devra point l'Etat, auquel ce
projet offre pour l'avenir une économie de
trente millions par année.

Tous les Français ont intérêt à voir réussir
ce moyen d'économie, auquel ils sont tous ap-
pelés à participer. Sans doute on aurait droit
d'accuser le gouvernement d'injustice, si, dans
la vue de réduire ses charges, il forçait tous
les porteurs de rentes sur l'Etat à les convertir au taux de quatre pour cent. Ce n'est pas
sous le gouvernement d'un Bourbon que pourraient même être proposées de telles mesures.
Bien loin de là, on offre de rembourser aux
porteurs de rentes leurs capitaux au cours du
jour; et ce cours est si élevé, qu'il n'y a pas un
rentier qui ne gagne au remboursement. Pour
quelques-uns qui auront acheté au pair, com-
bien y en a-t-il qui ont acheté depuis cinquante
jusqu'à quatre-vingt? Ceux-là ne trouveront-
ils pas un réel avantage? et, supposé qu'ils
laissent convertir leurs rentes en trois pour

soixante-quinze, ils n'éprouveront point de
perte réelle.

Mais où placer nos fonds, diront beaucoup
de rentiers? Eh! Messieurs, comment faisait-on
avant la création de ces rentes? Il fallait que
celui qui avait de l'argent cherchât à l'utiliser
soit dans le commerce, soit en biens-fonds.
Que ne cherchez-vous les mêmes moyens qui
vous offrent au moins autant d'avantage? Ceux
qui n'aiment pas les spéculations, et qui trou-
vaient très-agréable de n'avoir à s'occuper,
deux fois l'année, que de la recette de leurs
revenus, qui leur étaient payés avec la plus
grande exactitude, trouveront cette loi in-
juste et arbitraire. Pour s'y soustraire, qu'ils
retirent donc leurs capitaux, et les confient à
des hommes intelligens et industrieux qui leur
en rendront cinq et même six pour cent: et
ils concourront ainsi, tout en ne faisant rien,
à faire prospérer le commerce.

Depuis long-tems l'agriculture ne fait presque point de progrès. On ne doit en attri-
buer la cause qu'au manque de capitaux nécessaires aux améliorations. Cependant, depuis
plusieurs années, de grands propriétaires ont
tourné leur industrie vers cette partie si inté-
ressante à la prospérité d'un Etat; et leurs

succès devraient engager et encourager les capitalistes à marcher sur leurs traces.

Que de moyens n'existent-ils pas pour utiliser son argent? Il y a encore en France plus de six cent mille hectares de terrains incultes, et l'on prétend que la population en est trop considérable. C'est dans les villes que cette population est réellement trop grande; elles sont remplies d'une multitude de personnes qui leur sont inutiles, tandis que les campagnes souvent manquent de bras. La cause en vient de ce qu'il n'y a plus actuellement de fermier, de cultivateur un peu aisé, qui ne veuille faire de son fils un bourgeois, un avocat ou un médecin, etc. Il en résulte que ces professions deviennent trop nombreuses dans leurs membres; aussi n'y a-t-il que ceux dont les talens sont supérieurs qui puissent y réussir; le reste ne fait que végéter. Les campagnes réclament impérieusement cette population dont les villes sont surchargées. Tel individu qui ne fait qu'un mauvais avocat sans causes, un médecin médiocre sans clientelle, aurait fait un excellent cultivateur. Les jeunes gens, après avoir passé quelques années au collége, seraient trop savans pour suivre la profession de leur père. Qu'ils ne s'y trompent pas; pour faire un bon cultivateur, il faut un homme instruit.

C'est donc vers l'agriculture, vraie richesse d'un pays, et les défrichemens, que les propriétaires de fonds devraient porter leurs regards. Tout en reconquérant sur la nature ce qu'elle avait paru vouloir nous refuser, ils verront leur fortune augmenter.

Le desséchement des marais surtout offre des résultats si avantageux que, si on en calculait bien les avantages, la France, quoiqu'elle en contienne beaucoup, n'en aurait bientôt plus. Une dame riche a fait dessécher, aux environs de Castres, un étang considérable, qui lui rapporte maintenant, en blé et autres productions, plus de douze pour un, sans qu'elle ait besoin d'y mettre aucun engrais.

Beaucoup de terrains, dira-t-on, ne sont susceptibles de recevoir aucune culture ; je répondrai à cela que rien n'est impossible à l'homme, et qu'il ne lui faut que vouloir bien une chose pour parvenir à l'obtenir. N'en avons-nous pas de nombreux exemples ? Les rochers qui entourent Fontainebleau n'avaient rien produit jusqu'au dix-huitième siècle. On y apercevait de distance et distance quelques chétifs arbrisseaux, qui ne servaient qu'à en faire ressortir plus fortement la stérilité. M. Lemonnier, premier médecin de Louis XVI, eut l'heureuse idée d'y faire semer des pins d'Ecosse et de Bordeaux, qui y ont réussi, au point qu'ils ont bientôt surpassé, en force et en hauteur, les autres arbres qui y étaient avant eux.

Tout récemment, dans la Tourraine, un homme riche vient d'acheter un terrain immense, presqu'inculte, pour y établir un haras. Il parviendra d'autant plus facilement à rendre ce terrain productif, que la nature semble avoir placé en cet endroit ce qui manquait à la terre pour être féconde. Entre Loches, Lignenil et Sainte-Maure, sur une étendue de neuf lieues carrées, on trouve à quelques pieds en terre un amas immense de coquillages, si considérable, qu'il y en a depuis vingt-cinq jusqu'à trente et trente-cinq pieds de haut. Ce dépôt, qui est une des preuves les plus incontestables d'un grand bouleversement sur notre globe, est si antique que les coquillages en sont pour la plupart réduits en poudre; et cet inépuisable cabinet d'histoire naturelle, source de prospérité pour le pays, est exploité par les paysans, pour servir d'engrais, sous le nom de *falun* (1).

Les landes de Bordeaux ne sont pas , comme beaucoup de personnes le croient, si stériles qu'elles ne puissent rien rapporter : avec des bras et de la patience on parviendrait à en tirer un parti avantageux. On en trouve la preuve dans les parties qui entourent les habitations, qu'on y rencontre, à de grandes distances, aux environs des villes et bourgs. Des cultivateurs y sont parvenus, dans certains cantons, à obtenir en seigle jusqu'à huit et dix. pour un ; d'ailleurs les nombreuses pignades (2) qui couvrent une partie de ce pays, en font la ressource.

Je ne tarirais point, si je voulais citer les nombreux exemples qui, dans chaque département, ont amené des améliorations successives. Il n'est pas de terrain si stérile qui n'ait quelques plantes qui lui soient propres, et où

---

(1) Cet énorme amas de coquillages de toutes espèces étrangères même à nos côtes, connu sous le nom de Falunières , a été aussi exploité sous le rapport de la science par Saussure , Brogniart et autres savans naturalistes qui en ont parlé dans leurs ouvrages.

(2) On nomme ainsi dans le département des Landes les forêts de pins.

elles puissent prendre toute leur croissance.
C'est au cultivateur intelligent à rechercher,
par des essais, les productions qui convien-
nent le mieux à tel ou tel endroit.

Les forêts surtout doivent fixer l'attention
des propriétaires ; outre qu'elles ne deman-
dent aucun soin de culture, elles ne sont pas
d'un moindre rapport, et elles occupent souvent des lieux où il serait impossible d'intro-
duire la charrue. On objectera sans doute qu'a-
vant qu'elles puissent rapporter, il faut atten-
dre vingt ou trente ans, et qu'ainsi ceux qui
les ont plantées ne peuvent en jouir de leur
vivant. Voilà comme raisonnent les égoïstes,
qui ne pensent que pour eux, et s'inquiètent
peu de ceux qui doivent leur succéder.

Un propriétaire bien entendu pourrait tirer
parti de jeunes arbres, en même tems qu'il
travaillerait à obtenir de beaux sujets. On sait
que, pour avoir un haut peuplier, on en coupe
successivement les branches inférieures ; et,
par ce moyen, il croît en hauteur. Ne pour-
rait-on pas appliquer aux arbres des forêts ce
moyen, en observant toutefois de ne pas les
dépouiller trop, attendu que, se nourrissant
par leurs feuilles, on nuirait à leur accroisse-
ment, si on les privait de ces mêmes feuilles ;

les racines n'étant destinées qu'à leur servir de soutien? En coupant chaque année , ou même tous les deux ans, une ou deux branches, on pourrait, sans nuire aux arbres , en tirer ainsi un revenu , qui paraîtra peu de chose au premier coup d'œil , et qui cependant ne laisserait pas que d'être important , par la raison qu'il se renouvellerait souvent. La main-d'œuvre n'en serait pas chère ; la tonte des arbres se fait ordinairement avant que l'on puisse travailler à la terre, et à cette époque les cultivateurs ont peu d'occupation. On obtiendrait généralement par ce moyen de beaux et grands arbres, qui pourraient servir aux constructions marines et civiles ; tandis que sur deux cents sujets que l'on plante, cent tout au plus viennent ou assez grands, ou assez droits, pour être employés en bois de constructions , lesquels deviennent de plus en plus rares en France , par les déboisemens successifs.

La culture, en se portant vers ce point , aurait un double avantage , 1° de repeupler notre territoire de forêts ; 2° de ramener les climatures que leur destruction a insensiblement fait changer. On sait que les forêts sont regardées comme la pierre aimantée des nuages, qu'elles les attirent, et préservent par là les campagnes des orages et de la grêle, qui désolent trop souvent certaines contrées qui en sont dépourvues. Elles retiendraient en outre les vents qui, ne trouvant point d'obstacles, franchissent avec impétuosité les vallées et les plaines, et les dessèchent quelquefois au point de les rendre presque stériles. Les bêtes fauves et les oiseaux de passage, actuellement si rares dans nos forêts, y trouvant une retraite et une nourriture assurée, ne tarderaient pas à les habiter de nouveau; et l'on verrait les rivières se repeupler de poissons, qui y viendraient chercher une nourriture formée des débris de ces forêts, et amenée par les pluies (1).

Espérons que le remboursement des rentes fera refluer dans nos campagnes des fonds, qui seront employés à obtenir quelques-uns de ces résultats. Les ministres ne peuvent trop encourager toutes les entreprises qui ont pour

---

(1) Les personnes jalouses de s'instruire et de connaître la situation primitive du globe et en particulier de la France, et des moyens de reconquérir nos anciennes climatures, liront avec intérêt les *Annales europeennes*, rédigées dans ce but. Le succès qu'obtient ce journal répond à son mérite Le ministre de l'intérieur, qui en a senti toute l'importance, s'est empressé de seconder les vues de l'auteur.

but des améliorations, qui, tout en augmentant la richesse des particuliers, augmentent aussi celle de l'Etat.

En prenant le terme moyen du rapport d'un hectare, soit en blé, pré, vigne ou bois, il serait au moins de 3o fr., et en supposant que sur les six cent mille hectares de terre inculte, qui existent en France, cinq cent mille seulement sont susceptibles d'être défrichés, il est clair qu'ils produiront plus de quinze millions, et par suite une augmentation de l'impôt foncier, de près de deux millions, qui concourraient, avec les économies journalières, à faire diminuer les contributions générales, objet constant de la sollicitude du Roi.

Des capitaux qui venaient s'engloutir dans les grandes villes, retourneront dans les provinces, où l'argent est quelquefois si rare qu'il y a des villages de plusieurs centaines d'habitans, où l'on aurait de la peine à réaliser 100 fr.

L'état de stagnation dans lequel reste l'agriculture, vient de l'absence de l'esprit spéculatif et industriel de nos provinces, qui fait porter tous les capitaux vers quelques points principaux : tels que Lyon, Bordeaux, Marseille et surtout Paris, où ils s'accumulent au

profit de ceux qui veulent les exploiter. Dans
les départemens , le malheureux cultivateur
ne peut souvent trouver qu'à dix et douze pour
cent l'argent nécessaire pour remplacer un
bœuf ou une charrue, tandis qu'à Paris on
obtient à trois et quatre pour cent des sommes
énormes.

Sous le rapport du commerce, ce projet ne
sera pas moins avantageux; il y fera aussi refluer des sommes qui serviront à son accrois-
sement et à son développement.

Le négociant, pour étendre ses relations,
et l'artisan, pour mettre à profit une décou-
verte que le manque d'argent le forçait de lais-
ser dans l'oubli, trouveront plus facilement à
se procurer, à un taux raisonnable, les fonds
qui leur sont nécessaires.

Les arts mécaniques qui suivent l'influence
du commerce, comme lui, augmenteront, et
s'enrichiront d'inventions nouvelles.

Les canaux, plus que toutes les autres entreprises, ont pour but principal d'augmenter
et de faciliter le commerce auquel ils ouvrent
des communications faciles entre les pays qu'ils
réunissent. Ils ont par cette raison besoin de
grands encouragemens. Les difficultés à sur-
monter, les grandes connaissances qu'ils exi-

gent, et les avances énormes qu'on est obligé
de faire, ont souvent mis des obstacles à leur
confection. Mais, maintenant que tout se fait
par sociétés, une partie de ces obstacles dispa-
raît. Leur grande utilité pour l'Etat comme
pour les particuliers, et les avantages que
l'agriculture en retire, font désirer vive-
ment de les voir se multiplier de plus en plus.

Ces entreprises offrent un moyen sûr de
placer ses fonds ; elles présentent autant et
même plus d'avantage que la rente à cinq pour
cent.

Ce grand homme, ami d'un grand roi,
Sully enfin, avait mis la navigation intérieure
au premier rang des moyens qu'il proposa à
Henri IV pour donner à ce royaume cette
prospérité nouvelle, qui a tant illustré le mo-
narque et le ministre. On sait qu'il alla lui-
même reconnaître les localités, et présider
aux premiers travaux du canal de Briare.

Le maréchal de Vauban disait, en parlant du
canal de Languedoc, qu'il aurait volontiers
donné tout ce qu'il avait fait et tout ce qui lui
restait encore à faire, pour être l'auteur d'un
ouvrage si admirable et si utile pour la France.

Sans recourir aux opinions de nos ancêtres
sur l'utilité des canaux, prenons l'Angleterre

pour modèle. Avant 1755, quoiqu'ils eussent l'exemple de la France, qui déjà possédait les canaux de Briare et du Languedoc, les Anglais regardaient les canaux comme peu importans pour leur pays, où de nombreuses rivières et fleuves navigables, et un cabotage facile leur faisaient croire qu'ils pouvaient s'en passer.

Le duc de Bridgewater, surmontant la prévention générale et les critiques, prouva, par la construction d'un canal, l'utilité que sa patrie pouvait retirer de cette nouvelle branche de prospérité. Dans ce pays, où tout ce qui est reconnu utile, fixe l'attention du gouvernement et de tous les particuliers, l'exemple du duc de Bridgewater fut bientôt suivi, et l'Angleterre se couvrit de canaux. Elle n'a pas de villes considérables, presque pas de bourgs, qui, s'ils ne sont sur une grande ligne de navigation, ou quelque rivière navigable, n'aient leur canal de communication avec ces lignes ou rivières. Elle compte maintenant plus de cent canaux navigables; et quoique la France, de beaucoup plus grande, ait donné depuis plus de deux siècles l'exemple, elle ne compte encore que six canaux de grande navigation et une vingtaine de canaux de navigation secondaire, malgré que ce qui pour l'Angleterre n'est que d'une utilité de seconde classe, soit pour nous d'une nécessité indispensable.

Sans navigation intérieure nous resterions, faute de débouchés, privés de l'utilité de nos mines ; nous resterions assujétis à cette concurrence préjudiciable et en quelque sorte humiliante, qui nous laisse voir l'étranger amener dans nos ports les espèces de minéraux que nous possédons, à un prix auquel nous ne pouvons livrer les nôtres à cause de leurs frais de transport.

Les canaux ont fait créer en France de nouvelles exploitations métallurgiques, doublé les produits agricoles et la valeur des forêts auxquels ils ouvrent des débouchés, en même tems qu'ils augmentent les revenus de l'Etat.

Il est donc pour nous du plus haut intérêt de voir porter les regards du gouvernement vers cette partie si essentielle à la prospérité générale. Un député distingué par ses talens, qui siége depuis long-tems dans la Chambre, et qui a tant influé dans la dernière loi sur les canaux, secondé par les lumières d'un nouveau collègue non moins instruit, nous fait présager que ces deux hommes, aussi savans que bons administrateurs, rivaliseront de zèle et d'efforts pour que, si de nouveaux projets de loi sur les canaux sont présentés, ils soient adoptés (1).

Le remboursement des rentes ne pourra que contribuer par les fonds qu'il amènera, à accélérer les travaux qui sont déjà commencés, et à en faire entreprendre de nouveaux.

Ainsi, il n'est pas de Français qui ne soit intéressé à voir passer cette loi, qui tend à réaliser une partie des espérances qu'une paix générale a fait concevoir. Ce bonheur, nous le devrons au gouvernement paternel d'un roi sage et éclairé, et à la bonne administration des ministres. Puissent les députés de la France se bien pénétrer de ces avantages, et concourir de tous leurs moyens à faire réussir ce projet qui nous fait espérer d'aussi heureux résultats!

---

(1) MM. Huerne de Pommeuse, directeur général des canaux, et Becquey, directeur général des ponts-et-chaussées.

DE L'IMPRIMERIE DE PILLET AINE, RUE CHRISTINE, N° 5.

www.ingramcontent.com/pod-product-compliance
Lightning Source LLC
Chambersburg PA
CBHW050447210326
41520CB00019B/6102